AF385595

A LA NATION

à propos de l'Armement des Fortifications de Paris.

CAMPAGNE DE FRANCE

Par M. N. BITRY.

PRIX : 25 CENT.

PARIS

J. BRÉAUTÉ, ÉDITEUR,

PASSAGE CHOISEUL, 39.

ÉBRARD, Libraire, passage des Panoramas.

1845

DU MÊME AUTEUR,

Pour paraître au 1ᵉʳ octobre 1845 :

LES SIÈCLES,

CHRONOLOGIE UNIVERSELLE DES ÉVÈNEMENTS,

DÉCOUVERTES ET INVENTIONS QUI CORRESPONDENT
ET FORMENT UNE SUITE
AUX PRINCIPAUX TRAITS DE L'HISTOIRE GÉNÉRALE,
DEPUIS LES PREMIERS TEMPS JUSQU'A NOS JOURS.

Cet ouvrage sera publié en 60 Livraisons.

Chaque Livraison, avec couverture imprimée, sera
remplie de deux feuilles in-8 à deux colonnes.

**Prix de la Livraison : 30 cent. pour Paris,
et 40 cent. pour les Départements.**

IMPRIMERIE FÉLIX LOCQUIN,
16, RUE N.-D. DES VICTOIRES.

PRÉFACE.

La paix ne dépend pas uniquement de la nation qui la désire : sans doute, comme tous les peuples de l'Europe ont été éprouvés par des revers et par de grands malheurs, la paix la plus longue peut paraître assurée.

Mais, enfin, la nation ne doit point abandonner à des circonstances placées hors de son pouvoir, la sécurité de ses destinées : une grande nation comme la France, qui a son indépendance à maintenir, qui doit désirer des alliés par sa justice, les mériter par sa modération, les acquérir et les conserver par l'idée de sa force, une telle nation ne saurait demeurer désarmée et laisser ses frontières découvertes.....

Le résultat des délibérations de la chambre des députés sur l'armement de Paris, rend superflues toutes réflexions à ce sujet. Mais la lecture de cet opuscule met à même d'apprécier s'il y avait ou non nécessité d'armer la capitale, et si, entre autres villes démantelées, en 1815, il n'eût peut-être pas été plus urgent de relever les fortifications de Huningue, par exemple, où cent trente-cinq Français, sous les ordres du général Barbanègre, résistèrent, pendant douze jours, à trente-six mille Autrichiens!

CAMPAGNE
DE FRANCE.

Peu de jours après que Dantzick eut ouvert ses portes au duc de Wurtemberg (novembre 1813), Napoléon quitta Francfort ; immédiatement toute l'armée française repassa le Rhin. Vers la fin du mois de décembre, une armée autrichienne pénètre dans la Franche-Comté par les montagnes de la Suisse.

Le 1er janvier 1814, l'armée prussienne, sous les ordres du maréchal Blucker, franchit le Rhin sur trois points. Le général Langeron observait Mayence où Marmont s'était rendu ; les divisions de Sacken, d'Yorck et de Kleist, se portaient sur Pont-à-Mousson, Metz et Thionville, où étaient réunis les corps d'armée de Macdonald et de Kellermann.

Dans ces entrefaites, Mâcon et Dôle furent occupés par l'armée autrichienne qui dirigeait à la fois ses corps vers Nanci, Langres et Lyon. Le maréchal Mortier s'était retiré de Langres à Chaumont ; le maréchal Augereau se portait à Lyon, et le maréchal Victor s'était retiré jusqu'à la Meuse. De sorte que nos frontières étaient envahies de Lyon à Anvers dans une étendue d'environ vingt-quatre à trente myriamètres (cinquante à soixante lieues).

Une armée se rassemblait sur le point de Châlons, entre la Marne et la Seine ; elle devait être employée à couvrir Paris qui lui-même était menacé. Cependant Napoléon a résolu de se mettre à la tête de cette armée, et, le 25 janvier, avant de quitter sa capitale, il convoque aux Tuileries les officiers de la garde nationale et leur confie son épouse et son fils. Tous jurent de mourir pour la défense du dépôt sacré, et ils prêtent ce serment avec d'autant plus d'enthousiasme, que dans son discours qui émut profondément les spectateurs de cette scène, l'Empereur a pris un ton conforme à sa situation.

Dès le 24, l'ennemi avait commencé ses opérations dans l'intérieur de la France par le combat de Bar-sur-Aube, où le maréchal Mortier voulait conserver une position, après s'être replié de devant Chaumont : nous fûmes forcés d'évacuer Bar-sur-Aube. Le maréchal Mortier, après avoir, avec autant d'habileté que de courage, défendu sa position, abandonna la ville pendant la nuit, et se retira sur Troyes.

Blucker, combinant ses mouvements avec ceux de l'armée austro-russe, avançait de la Lorraine par la Haute-Marne, pour passer cette rivière et faire sa jonction avec le prince Schwartzemberg. Dans ce trajet, ses divisions enlevèrent, le 23 et 24 janvier, Luny et Saint-Dizier. Ensuite il porta un de ses corps sur Brienne, afin d'établir sa communication avec les troupes qui occupaient Bar-sur-Aube.

Napoléon prévoyant toute la conséquence de ce mouvement, s'il avait son entière exécution, se hâta d'attaquer, le 27, l'arrière-garde prussienne, qui attendait encore la division d'Yorck à Saint-Dizier. Les français remportèrent la victoire ; l'ennemi fut chassé de ses positions.

A cette époque, la France qui naguère imposait aux souverains de l'Europe le respect et la crainte de son nom, n'avait pour armée que la réunion de cinq corps presque désorganisés, offrant à peine un effectif de soixante-dix mille hommes, avec lesquels Napoléon va lutter, souvent avec succès, toujours avec gloire, contre trois armées fortes ensemble de plus de trois cent mille hommes.

Blucker, malgré cet échec, qu'il aurait pu prévoir, n'en continuait pas moins son mouvement de concentration sur Brienne, au sud de Saint-Dizier. Il ralliait le corps de Lanskoï, qui s'était retiré vers Joinville ; il recevait les renforts de la grande armée autrichienne, qui se dirigeait de Chaumont, et avait déjà porté le corps du duc de Wurtemberg et celui de Giulay à Bar-sur-Aube, et en avant sur la route de Brienne. Dans ces dispositions, il attendait que les Français prononçassent leur mouvement offensif.

L'Empereur marche en personne sur Brienne, ayant sa droite fortifiée par les troupes du maréchal Mortier, venues de Troyes. Les Autrichiens s'avançant pour appuyer le maréchal Blucker, celui-ci se retirait vers eux, lorsque Napoléon parut aux environs de Brienne, le 29 janvier après midi. Le combat fut terrible. Tandis que le général russe Alsufieff défendait la ville de Brienne avec vigueur, l'ennemi attaquait notre gauche, faible en cavalerie. La journée fut longtemps incertaine. La victoire paraissait dépendre de l'occupation du château de Brienne dont on se rendit maître vers onze heures du soir. Un combat à l'arme blanche s'engage alors dans les rues de la ville à moitié consumée : l'ennemi est culbuté, et Blucker sur le point d'être pris. Ce carnage, à la lueur de l'incendie de Brienne, fut aussi grand qu'il pouvait l'être ; les rues et les places étaient encombrées de morts et de blessés. Maîtresses du poste, nos troupes ne purent empêcher Blucker de continuer son mouvement rétrograde sur Bar-sur-Aube. Nos colonnes l'y suivirent le lendemain, 30 ; et le maréchal Victor ainsi que le général Grouchy prirent une belle position au village de la Rothière et de Dieuville.

De son côté, l'ennemi se fortifiait de toutes parts. Le général Yorck était arrivé le 30 à Saint-Dizier, qu'il avait repris ; le comte de Wittgenstein était entré à Vassy, et avait prévenu sur ce point le comte de Wrède, s'avançant aussi avec ses Bavarois par Joinville, pour se porter vers notre gauche, que devait attaquer Wurtemberg. La division Giulay était en ligne pour combattre notre droite ; celle de Sacken était dirigée sur notre centre à la Rothière. On avait placé des colonnes de grenadiers russes en réserve. L'ennemi comptait quatre-vingt mille hommes. La bataille com-

mença vers midi ; Wurtemberg donna le premier
en attaquant Chaumenil et la ferme de la Giberie,
où était posté le maréchal Victor. Cette position
fut disputée pendant trois heures avec le plus
grand acharnement, et Wurtumberg ne s'y main-
tint qu'avec de grands efforts. De notre centre
alors des renforts furent envoyés à notre gauche.
Sacken profita de ce mouvement pour attaquer ce
corps affaibli avec toute son infanterie en colonnes serrées. Par cette manœuvre il parvint jusqu'à
l'église de la Rothière. Le combat devint terrible
dans cet endroit, et ne finit qu'à minuit. Napoléon
chargea lui-même à la tête de la jeune garde pour
reprendre cette position : il eut un cheval tué sous
lui. La division Giulay ne put non plus occuper
Dieuville qu'à minuit : le général Gérard la défendait. Wrède avait forcé le maréchal Marmont à
Mortvilliers, d'où celui-ci s'était retiré vers Vitry.
Pendant le reste de la nuit, Napoléon se retira sur
Brienne : il passa l'Aube le 2 février au pont de
Lesmont; le 3 à midi, il entrait à Troyes.

Les alliés continuèrent donc leur marche vers
Paris sur deux directions. Le prince de Schwartzemberg suivit les rives de la Seine. Napoléon
évacua Troyes dans la nuit du 7 au 8 février; l'armée ennemie y étant entrée, continua son mouvement vers Sens, Nogent et Méry. Wurtemberg,
à la tête de dix mille Prussiens, fut contenu, pendant trois jours, devant les murs de Sens, par six
cents conscrits commandés par le général Alix :
cette garnison résista avec la plus grande valeur.
Blücher s'était rapproché de la Marne : sa divi-

sion, aux ordres du général Yorck, avait évacué Châlons le 5. Le maréchal Macdonald s'y était porté de la ligne de la Meuse, où opérait une partie de l'armée du prince royal de Suède, dont les premiers corps, après avoir occupé Dinant et Philippeville, s'étendaient vers Reims. Le 9 février, le quartier général prussien s'était avancé de Vertus à Etoges ; Montmirail et Château-Thierry étaient occupés par les divisions Sacken et Yorck, dont les partis s'avançaient jusqu'à La Ferté-sous-Jouarre et Meaux. Le quartier-général de Napoléon était à Nogent, d'où il observait ces divers mouvements ; il était débordé sur deux flancs, et semblait perdu s'il ne parvenait pas à couper la communication entre les deux armées ennemies qui marchaient sur la capitale.

Le général russe Alsufieff, qui liait à Champaubert le corps du maréchal Blücher à celui de Sacken, y fut attaqué, culbuté, fait lui-même prisonnier avec deux autres généraux ; douze régiments russes sont pris ou détruits, quarante pièces de canon et cent caissons demeurèrent entre nos mains. Après cette victoire signalée, à laquelle les ducs de Trévise, de Raguse et le prince de la Moskowa prirent une part si glorieuse, Napoléon partit de Champaubert et se dirigea sur Montmirail, où il rencontra toute l'armée de Blücher et la culbuta. L'effet de ce succès fut que le général Sacken se trouva pris à dos, et, ralliant la division d'Yorck, il essaya, le 11, de reprendre l'avantage en nous attaquant. Le général Nansouty, étendant son corps d'armée sur la droite, contraint, par cette manœuvre, l'ennemi de dégarnir son centre. Les généraux Friant et Guyot, le duc de Trévise avec les gardes d'honneur, se précipitèrent sur la ferme de l'Epine-aux-Bois, où les alliés avaient établi une batterie de quarante pièces de canon. Le combat devint très sanglant, surtout au village de Marchaix, qui fut pris et repris trois fois. Sacken, après avoir perdu huit mille hommes, prend la fuite en se dirigeant sur Château-Thierry, où Napoléon le poursuit l'épée dans les reins. Le lendemain, 12 février, les Français attaquent l'ennemi à Nesle, qui, de nouveau complètement battu, nous abandonne trente pièces de canon, ses bagages et trois mille prisonniers. Aussi horriblement maltraité, Sacken est obligé de se jeter vers Soissons et Reims.

Le 13, Blücher attaqua le maréchal Marmont qui s'était posté vers Etoges avec neuf mille hommes. Lés Français rétrogradèrent jusqu'au de là de Champaubert. Napoléon accourut sur ce point avec une partie de sa garde, soutenue d'un corps de cavalerie; et, le 14, il fit attaquer l'ennemi, à 8 heures du matin. L'ennemi fut vaincu et obligé de se retirer avec une perte considérable.

Blücher rallia à Châlons les corps d'Yorck et de Sacken, et se fit renforcer par les corps de Langeron et de Saint-Priest, attendant l'occasion de reprendre l'offensive.

La manœuvre des alliés sur Paris avait été ainsi dérangée, sans cependant pour cela se trouver dans la nécessité de renoncer à l'espoir de parvenir jusqu'à cette ville. En effet, tandis que Napoléon refoulait l'armée de Blücher sur Epernay et

Châlons, les routes de la Seine restaient ouvertes à l'armée austro-russe du prince de Schwartzemberg. Nos troupes abandonnaient la rive gauche en détruisant les ponts que les alliés rétablirent, et bientôt ceux-ci se montrèrent en très grande force numérique sur la droite, où ils manifestaient le dessein d'opérer une diversion en faveur de Blücher.

Les divisions Wrède et Wittgenstein s'étendaient jusqu'à Provins ; elles marchaient par Nangis jusqu'à Melun, tandis que Bianchi et Platoff se portaient de Montereau à Fontainebleau, où ils entraient le 17. Napoléon revint donc de la Marne à la Seine, et, le 17, se dirigea sur Nangis, avec quelques mille hommes de sa garde, le général Gérard avec un bataillon de la 32ᵉ et le comte de Valmy avec l'armée d'Espagne. L'ennemi est enveloppé dans le village de Mormant, pendant que le général Drouot fait avancer l'artillerie. Le combat s'engage, et la victoire est promptement décidée : 6000 prisonniers, 19,000 fusils, 16 pièces de canons et 40 caissons furent pour les Français l'heureux résultat de cette bataille. Wittgenstein repassa la Seine, ainsi que le comte de Wrède, débusqué de sa position de Villeneuve et mis en pleine déroute par le duc de Bellune.

Ces deux corps en retraite découvraient Montereau que tenait le duc de Vurtemberg. Nos troupes poursuivirent ce prince, obligé de battre en retraite sur la rive gauche : les maréchaux Macdonald et Oudinot avaient ordre de nettoyer entièrement cette rive.

Le prince de Schwartzemberg parut alors renoncer à opérer par divisions isolées, en faisant rapprocher Blücher de la Seine ; lui-même y conservait encore la position de Troyes. L'Empereur s'y porta le 24, et l'ennemi abandonna cette ville le 25 au matin. Par l'effet des mouvements de concentration, Blücher, dont l'armée était affaiblie par ces derniers combats, se renforça des corps de Bulow, Winzingerode, Woronzof et Saxe-Weymar, et marcha sur la Seine par Méry, qui fut brûlé. Il voulait probablement se joindre à la grande armée alliée pour livrer une bataille générale ; lorsque tout-à-coup il se porta en arrière sur Sézanne, où, le 24, il attaqua le maréchal Marmont. L'Empereur, occupé à suivre les Autrichiens, partagea ses forces pour attaquer les derrières de l'armée ennemie, tandis que les maréchaux Victor, Oudinot et Macdonald entraient de vive force dans Bar-sur-Aube. Le 27 février, le prince de Schwartzemberg nous débusqua de cette ville où nous perdîmes beaucoup de monde. Du 28 février au 2 mars, nous abandonnâmes Bar-sur-Seine, après la défaite du maréchal Macdonald à La Ferté. Le prince de Wurtemberg rentra à Sens, et l'ennemi put envoyer des renforts au général Bubna contre le maréchal Augereau à Lyon, qui avait reçu un corps de l'armée d'Espagne, et avait pris l'offensive.

Ce malheur n'était pas le seul qui nous assaillit en ce moment : le 5 mars nous sommes contraints de quitter Troyes. Napoléon abandonna donc encore une fois les opérations de la Seine pour se porter sur la Marne, d'où Blücher menaçait de nouveau la ville de Meaux et la route de Paris. Ce général prussien, qui avait éprouvé des pertes considérables sur l'Ourcq, à Lisy et à May, passa sur la rive droite de la Marne. Pendant ce temps un corps français détaché sur Reims, y entrait le 5, et coupait ainsi les communications entre l'armée de Silésie et celle de Schwartzemberg. Dans son mouvement de retraite, Blücher était perdu, si la reddition trop facile de Soissons ne l'avait pas rendu là maître du passage ; en suite de cela, il prit une belle position à Craonne, entre Soissons et Laon, donnant au général Bulow la garde de cette dernière ville, d'autant plus importante qu'elle assurait ses derrières ainsi que ses communications avec la Belgique.

Le 17 février, après la bataille de Nangis, l'Empereur, informé que le général de Wrède et les Wurtembergeois étaient à Montereau, s'y porta avec le maréchal Marmont, et arriva au moment où le général Chateau venait d'être repoussé par les Autrichiens sous les ordres de Wurtemberg. Les alliés sont culbutés alors, la ville et les ponts de l'Yonne enlevés à la bayonnette ; nous faisons à l'ennemi, qui a des forces triples des nôtres, 4000 prisonniers ; 5000 des siens sont étendus sur le champ de bataille ; 6 drapeaux et 8 pièces de canon demeurent entre nos mains.

Mais revenons à Craonne : le succès de cette bataille est la conséquence des marches savantes exécutées par l'armée française, et de sa bravoure ordinaire. L'ennemi eut 12,000 hommes tués ou faits prisonniers, et perdit trente pièces de canon.

Le lendemain, 8 mars, toute cette armée ennemie était concentrée devant Laon, bien résolue de nous attendre dans ce poste avantageux. La division Bulow occupait au centre la ville et le plateau; celles de Langeron, Sacken et Winzingerode occupaient la droite; et celles d'Yorck et de Kleist, la gauche. Napoléon voulut les attaquer, mais, le 9 et le 10 mars, il essuya un échec considérable dans cette tentative. Le 9, le fort de l'action s'était passé à la gauche de l'ennemi; le lendemain, l'Empereur renouvela le combat, par sa gauche, contre le centre et la droite des Prussiens. Cette attaque ne fut pas plus heureuse que celle de la veille, et nous nous retirâmes en désordre.

Le 14, Napoléon prit une éclatante revanche à Reims. Le comte Saint-Priest, émigré français, au service de la Russie, s'y était avancé de Châlons avec près de 18,000 hommes, et s'en était emparé sur le général Corbineau. Napoléon y accourut le lendemain, et attaqua, avec des forces inférieures, l'ennemi, qui, confiant dans sa supériorité, voulait tenir dans sa position. Le comte Saint-Priest fut battu, perdit 25 pièces de canon et 7,000 prisonniers. Napoléon se porta ensuite sur Epernay.

Les évènements de la Marne avaient mis l'armée austro-russe en liberté de manœuvrer sur la Seine. Le 16 mars, la division Wittgenstein avait pénétré jusqu'à Provins. Cette ville était couverte par les maréchaux Macdonald et Oudinot: il y eut là un fort engagement d'artillerie. Le maréchal

Ney entra, le 16, dans Châlons. Alors, maître
d'Epernay, Napoléon se détermina encore une fois
à se porter sur l'Aube, pour essayer de tourner le
prince de Schwartzemberg et les monarques alliés,
qui étaient, le 18, à Troyes, d'où ils se retirèrent
à Bar-sur-Aube. L'Empereur arriva à Arcis-sur-
Aube, le 20 au matin : et tout fait supposer qu'il
voulait tourner l'ennemi, puis rabattant ensuite
sur lui, après s'être renforcé des garnisons des
places de la Lorraine et de l'Alsace, le prendre
au sein même de la France, et aux environs de la
capitale.

Maintenant les forces ennemies n'allaient pas
à moins d'un million cent vingt mille hommes.
Bordeaux était occupé par l'armée anglo-espagnole ; le maréchal Augereau avait abandonné
Lyon aux Autrichiens ; Blücher, maître de Châlons-
sur-Marne, se rapprochait, pour ne plus se sépa-
rer du prince de Schwartzemberg. Cette réunion
complète des deux armées d'opération, rejeta
l'Empereur sur la Lorraine.

La principale force qui restât pour couvrir
Paris, était les deux divisions Marmont et Mortier,
faisant partie de l'armée du maréchal Macdonald.
Elles présentaient un effectif d'environ vingt mille
hommes, qui attendirent de pied ferme les deux
grandes armées de Blücher et de Schwartzemberg,
à La Fère-Champenoise, où elles éprouvèrent des
pertes considérables.

Après cette bataille, les alliés, qui avaient laissé
la division Winzingerode derrière eux, pour observer Napoléon, marchèrent en cinq colonnes sur

Paris, harcelant, par leurs partis avancés, les arrière-gardes du corps mis en déroute à La Fère-Champenoise.

Le 28 et 29 mars, ils passèrent la Marne à Trilport et à Meaux, sans trouver de résistance. Le 28 au soir, à Claye, le maréchal Mortier fit occuper la forêt, et repoussa vigoureusement les attaques du général Yorck. Les divisions de Wrède et Sacken restèrent en position à Meaux. Le prince de Schwartzemberg provoque un conseil de guerre à Pougy, chez l'empereur de Russie. On y donne lecture des dépêches trouvées sur un courrier pris à l'attaque du parc d'artillerie de Macdonald, sur la route de Sézanne, et par lesquelles Berthier faisait connaître à ce maréchal la marche et les desseins de Napoléon. Alors il est décidé, et toutes les dispositions sont faites pour livrer la bataille de Paris, le 30 mars. Un jour de plus suffisait pour que Napoléon pût arriver, et il fallait tenter de lui enlever sa capitale, et d'ajouter aux embarras de sa position l'évènement d'une révolution politique, dont ils étaient assurés, par le grand nombre de leurs amis les royalistes que Paris renfermait.

Quelques mille hommes, restes glorieux des corps repliés devant l'ennemi, devaient défendre la capitale ; ils étaient soutenus de trente mille hommes de garde nationale, dont huit mille au plus possédaient des armes qui pussent être de quelque utilité sur un champ de bataille. Ainsi, ces forces pouvaient se résumer à vingt-huit mille hommes. L'armée française de Paris occupait, sur la droite, les hauteurs de Belleville, Ménil-Montant et la

Butte St.-Chaumont, et s'appuyait à Vincennes. Son centre était au canal de l'Ourcq, ayant le mamelon de Montmartre sur le derrière, position extrêmement forte, si elle eût été convenablement fortifiée, et suffisamment garnie d'artillerie. La gauche s'étendait de Montmartre à Neuilly. Les barrières étaient défendues par des palissades, destinées à arrêter celles des troupes légères de l'ennemi qui pourraient, pendant la bataille, essayer de pénétrer dans les masses et les différents points d'attaque.

Entre trois et quatre heures du matin, la générale est battue dans Paris. La garde nationale, malgré son indignation de ce que l'impératrice, le roi de Rome, et les grands dignitaires avaient abandonné la ville, se rendit à ses postes avec célérité. Un grand nombre de citoyens, surtout une multitude d'ouvriers, qui presque tous avaient servi, se présenta aux points de réunion, et courut jusqu'aux barrières, demandant à grands cris des armes, et sollicitant l'honneur de prendre part au combat. Un de ces rassemblements attendit patiemment, sur la place Vendôme, depuis cinq heures jusqu'à neuf, moment auquel on vint lui offrir des piques !...... Enfin les habitants de Paris étaient disposés à une vigoureuse défense.

L'artillerie se fit entendre entre cinq et six heures du matin ; bientôt le feu de la mousqueterie vint s'y joindre : il dura longtemps et avec une grande vivacité. Le prince de Wurtemberg, à l'extrême gauche des alliés, avait été dirigé sur Vincennes ; le général Rajewski gouvernait les at-

taques sur Belleville ; les gardes et les réserves
étaient placés sur la grande route de Bondi , en
face du canal, où nous avions une partie de notre
centre ; le maréchal Blucker avait ordre de se porter par St-Denis, sur Montmartre, et d'observer
notre gauche. C'était sur la position de Belleville
que nous avions nos plus grandes forces. Ce fut là
qu'eurent lieu l'attaque la plus considérable et
la résistance la plus opiniâtre. Marmont eut un
cheval tué sous lui , en défendant le terrein pied à
pied, tant sur la position du télégraphe que dans la
grande rue de Belleville. On disait cependant qu'il
ne s'était même pas battu !.....

La garde nationale signala son zèle et son courage et fournit aux principales attaques une grande
quantité de tirailleurs qui firent beaucoup de mal à
l'ennemi. Elle laissa pour sa part trois cents
hommes tués sur le champ de battaille et un très
grand nombre de blessés.

Notre artillerie, principalement servie par les
élèves de l'Ecole Polytechnique, qui n'avaient cependant que quelques semaines d'exercice, mais
qui donnaient partout l'exemple de l'intrépidité,
couvrait de corps ennemis les approches des
positions. Du côté de Vincennes , quelques cosa-
ques pénétrèrent et s'avancèrent vers le faubourg
St-Antoine : ils s'y rendirent maîtres de deux pièces, qu'un demi-escadron de gendarmerie les força
d'abandonner. Sur le soir, une colonne des alliés
fila vers Charenton ; quelques troupes et les élèves
de l'Ecole vétérinaire défendirent le pont avec résolution ; et il y eut là cent cinquante jeunes gens

de tués. Le nombre l'emporta encore sur la valeur. Forcé dans le poste, on mit le feu aux fougasses préparées pour faire sauter le pont ; mais la communication des mèches avec le puits se trouva interrompue. L'ennemi passa donc, et se déploya sur la rive droite de la Seine, en face du Port-à-l'Anglais, où heureusement il n'eut aucun moyen de passer la rivière.

Vers le milieu de la journée, le duc de Raguse avait demandé une suspension d'armes pour traiter d'une capitulation. Mortier n'eut que longtemps après connaissance de la communication de Marmont, et comme il n'avait point encore reçu l'autorisation de capituler, il continuait à soutenir vaillamment, à la droite du canal de l'Ourcq, les attaques réitérées de l'ennemi. Sur ces entrefaites, arriva de Dolancourt, un aide de camp de Napoléon, apportant des instructions verbales pour les maréchaux Marmont et Mortier. Si l'Empereur en eût pris dès lors la résolution, il aurait pu arriver lui-même et disputer Paris.

Nous avons dit plus haut que Blücher avait été chargé de l'attaque du centre. Il ordonna à Langeron de prendre ou bloquer Saint-Denis, de nous déloger d'Aubervilliers, et d'arriver par Clichy sur Montmartre. Nous étions encore maîtres à notre centre de la Ferme de Rouvroy, en avant du canal : dix-huit pièces en batterie fortifiaient cette position. Le maréchal Mortier imposa tellement à Langeron, que ce général hésita à aborder Montmartre, où sans doute il serait venu échouer, quoique cette position ne fût pas assez fortifiée. Notre artillerie repoussait aussi avec succès, à La Villette, une attaque des réserves des grenadiers de la garde des souverains alliés , soutenues par six bataillons commandés par le prince Guillaume de Prusse.

Joseph Napoléon, frère de l'Empereur, déserte le champ de bataille , lorsqu'on résiste partout avec un rare courage malgré la supériorité du nombre. Le prince charge le général Hulin de faire parvenir à Mortier et Marmont l'autorisation de capituler. Quelques instants après un aide de camp de l'empereur Alexandre vint sommer le maréchal Mortier de mettre bas les armes. Justement indigné d'un pareil ordre , le maréchal répond : « Paris n'est pas encore pris ; et, le fût-il, l'armée « française saura toujours où et comment effectuer « sa retraite. » Enfin Marmont, ayant conclu son armistice, Mortier adhéra à la trève, se réunit à son collègue pour traiter d'une convention. Paris a capitulé le 31 mars, à 2 heures du matin, et n'a pas été vaincu. Les alliés ont acheté cher de légers avantages, car, dans la journée du 30 mars, ils laissèrent vingt mille hommes sur le champ de bataille, et les Français en perdirent trois mille.

Les troupes de ligne commencèrent, dans la soirée même, leur mouvement d'évacuation et de retraite. Une grande partie prit son chemin par la barrière d'Enfer et routes environnantes. Elles paraissaient tristes et non découragées : officiers et soldats, tous ignorant la véritable situation intérieure de Paris, se plaignaient de n'avoir pas été secondés par les habitants , qui cependant avaient eu la meilleure volonté de le faire. Cependant

Napoléon s'était avancé jusqu'au près de Paris, au moment même où ses troupes en sortaient. Il apprit à Villejuif (8 kilomètres de la capitale) ce qui s'était passé ; alors il retourna sur ses pas.

Winzingerode, ainsi que nous l'avons dit plus haut, l'occupait avec 15,000 hommes de cavalerie. Napoléon s'aperçut trop tard que Paris allait être attaqué par des forces considérables ; et, laissant en arrière son armée avec laquelle, le 27 mars, il avait encore consumé du temps dans un engagement assez vif auprès de Saint-Dizier, il accourait pour présider à la défense de Paris.

Vivement contrarié de la capitulation de Paris et du départ de l'Impératrice, Napoléon s'était rendu à Fontainebleau. C'était dans cette ville que l'armée de Champagne, et toutes les troupes à qui on avait pu donner des ordres, faisaient leur jonction. En quelques jours il s'y trouva une armée petite, mais brave au plus haut point. Les cris de *Paris ! Paris !* partaient de toutes parts ; tout annonçait la proximité d'une affaire terrible.

Mais les alliés proclamant que l'Empereur était le seul obstacle au rétablissement de la paix en Europe, Napoléon, voulant prouver qu'il n'était aucun sacrifice, même celui de la vie, qu'il ne soit prêt à faire aux intérêts de la France, signe l'acte d'abdication, le 11 avril.

Le maréchal Soult, après le désastre de Vittoria (Espagne), rentre en France, avec 18,000 hommes, débris de notre belle armée d'Espagne, et dispute pied-à-pied le terrain à l'armée anglo-espagnole. Après plusieurs combats partiels, il vient prendre position sous les murs de Toulouse, et attend l'ennemi. Le duc de Dalmatie fait élever à la hâte quelques ouvrages de défense. Le 10 avril au matin, les alliés, au nombre de 80,000 hommes, sous les ordres de Wellington *le Grand*, attaquent les Français sur plusieurs points ; la bataille dure jusqu'au soir ; nos troupes conservent constamment l'avantage, repoussent toutes les attaques et jonchent le terrein de 20,000 cadavres ennemis.

Revenons à la capitulation de Paris. Il est évident, diront les partisans des fortifications, que si Paris eût été mis en défense, comme il l'est aujourd'hui, Marmont et Mortier auraient pu arrêter l'ennemi jusqu'à l'arrivée des secours que Napoléon devait amener. Oui, sans doute : quelques ouvrages avancés, des fortins détachés, et les hauteurs qui entourent la capitale, bien garnies d'artillerie, suffisaient. Mais, bien loin de là ! Paris était totalement dépourvu de munitions de guerre, et, bien que toute défense parût impossible, ses approches ont coûté cher à l'ennemi.

Sait-on bien, enfin, comment les alliés parvinrent sous nos murs ? Napoléon avait résolu de se jeter sur les derrières de l'armée ennemie, et de l'obliger à reculer pour n'être pas coupée ; mais il ne vit pas que cette manœuvre allait ouvrir aux alliés tous les chemins de la capitale. En effet, ceux-ci exécutèrent leur projet avec une habileté et une activité qui ne leur étaient pas ordinaires.

Laissant un corps de dix mille chevaux pour faire croire à Napoléon que toute l'armée continuait à le suivre par-delà Vitry, ils se mirent en marche sur-le-champ. Paris, avons-nous déjà dit, n'était couvert que par Marmont et Mortier. Ils furent rencontrés près de Vitry par Schwartzemberg, qui les culbuta et les poussa l'épée dans les reins jusqu'à Meaux, d'où ils portèrent l'alarme dans la capitale. Cependant Napoléon cherchait l'armée combinée sur les confins de la Lorraine, et elle touchait aux portes de Paris. Il aurait pu, en moins de quarante-huit heures, par la route de Châlons, se rapprocher assez des alliés pour inquiéter leurs derrières, et peut-être faire échouer leur entreprise; mais l'esprit de vertige qui le possédait le fit errer du côté de Vassy, et ce ne fut que le 29 qu'il repassa par Troyes, se dirigeant sur Paris. Les alliés y étaient arrivés ce jour-là même, au nombre de deux cent mille hommes.

D'après les faits que nous venons de relater, on peut conclure que les fonds, destinés à l'armement de Paris, auraient un emploi conforme au vœu national, en les utilisant pour mettre nos côtes et nos frontières sur un pied respectable de défense.

Paris. — Imp. F. LOCQUIN, rue N.-D. des Victoires, 16.

9 782014 098174